はい、ちょっと待ったー！
ぽんっ！
うわあ！
クマッター！
おー
来い来い。オレのすがたを目に焼き付けておきたまえ！
ヤター！
オレ、18歳！
入ってるんだぜ！
フフフフ
あっ！そっか!!
ちゃんと投票できたみたい……
よしよし
ん？
ばっ！んなもん、
あれ？投票のしかた知ってんの？
ボクの学校が投票所になってる！
○○市議会議員選挙
第3投票所
投票場所は体育館だな
候補者の名前だけ……
兄ちゃん！ 字に気をつけて！
もちろん！どうぞ！
ぐっ
JN015966

わたしたちのくらしと地方議会

③ 選挙のしくみ

監修　廣瀬和彦

はじめに

みなさんは議員と聞いたときにどんなイメージを思いうかべますか？
おそらくテレビでよく見る国会議員が思いうかぶのではないでしょうか。
みなさんの生活するまちには、国会議員よりもっと身近な、
生活に直結するさまざまな決め事を
みなさんに代わって決定している地方議会議員がいます。
でも、最も身近な地方議会議員がどんな活動をしているか知っていますか。
ぜひこの本を読んで、選挙で選ばれた自分のまちの地方議会議員が、
そして地方議会がどんな活動をしているか興味をもってほしいのです。
みなさん自身もいっしょにまちづくりに参加する
きっかけとなってもらえるとうれしいです。

廣瀬和彦

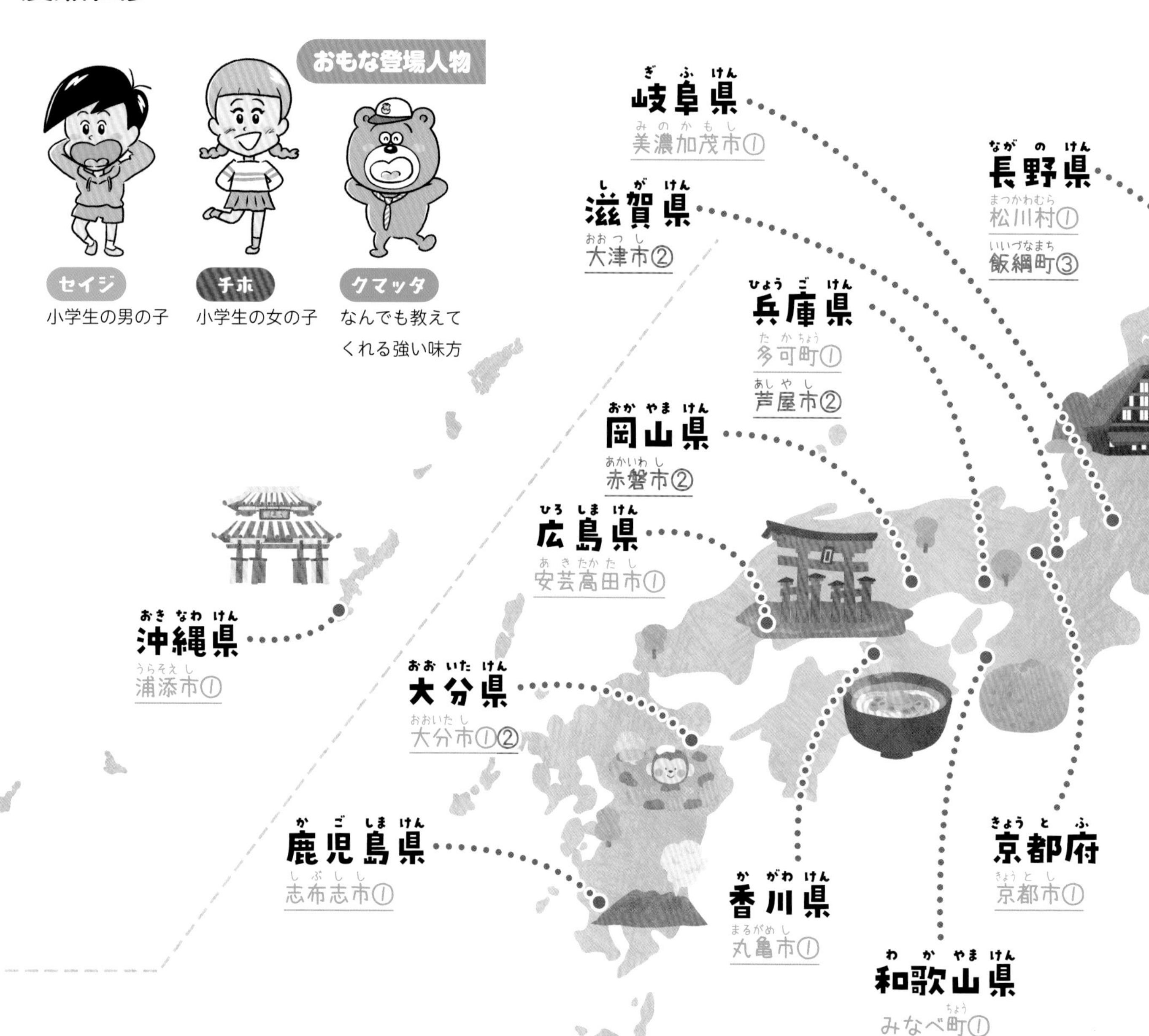

このシリーズに協力してくれた自治体

※①②③は掲載している巻数です

新潟県
上越市①

北海道
中標津町①
芽室町②

青森県
板柳町①

栃木県
宇都宮市①
日光市①

埼玉県
埼玉県②
川口市③

茨城県
坂東市②

千葉県
富津市①

東京都
文京区①③
町田市①
墨田区②

神奈川県
藤沢市①

この本の使い方

この章で何を学ぶのか、まんがでわかります

大切なことが見出しになっています

写真とイラストを使ってわかりやすく説明しています

今からできることがわかります

もくじ

まちの選挙はどんなもの？～選挙のキホンを見てみよう！～

2章

どうやって投票するの？～選挙の流れを知ろう～

「選ぶ」ためにはどうすればいい？～選挙の「今」と「これから」～

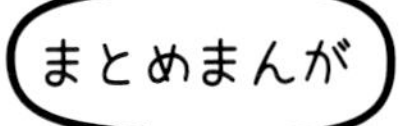

1章 まちの選挙はどんなもの？
～選挙のキホンを見てみよう！～

市町村や都道府県など、その地域の行政を進める組織を「地方公共団体（地方自治体）」といいます。この本では、地方公共団体のことを「まち」と呼び、選挙のなかでも「まちで行われる選挙」について見ていきます。

「選ぶ人」と「選ばれる人」の決まりとは？

選挙は、みんなの代表を選ぶものです。どのような人が代表を選ぶのか、どんな人が代表に立候補できるのか、決まりを見てみましょう。

選ぶ人とは選挙権がある人（有権者）のこと

選挙で投票する権利を「選挙権」といいます。選挙権の条件を満たす人なら、だれでも選挙で投票することができます。

仕事がたくさんある
まちに住みたいな
子育てしやすい
まちになると
いいと思う
エレベーターや
スローブが
増えると
ありがたい

選挙権の条件は、まちと国でちがう

国の選挙（国政選挙）と、まちの選挙（都道府県や市町村*の選挙）では、選挙権の決まりが少しちがいます。ここでは、まちの選挙の選挙権を見てみましょう。

まちの選挙で選挙権があるのは

満18歳以上の人

日本国民

選挙が行われるまちに、引き続き3か月以上住んでいる人

3か月以内に引っこしをしても、選挙が行われる「まち」の中なら投票できます。たとえば、都道府県知事選挙の場合、同じ都道府県内の引っこしなら投票できます。

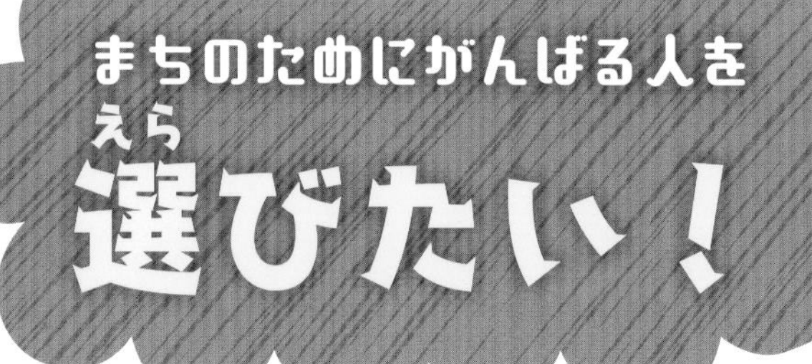

まちのためにがんばる人を
選びたい！

みんないろいろな
ことを考えてる！

これをまとめるのって
大変だよね

＊東京都にある23の「区」は「特別区」と呼ばれ、選挙については市と同じようにあつかいます。

選ばれる人とは被選挙権がある人のこと

候補者として選挙に出る（立候補する）権利を「被選挙権」といいます。まちの選挙での被選挙権の条件は、都道府県の知事や市町村の長と議員とで少しちがいます。

子どもが安心して
くらせるまちを
つくりたい！
まちおこしで、
元気なまちに
したい！
働く場所を
増やしたい！

まちに住む人のために

がんばりたい！

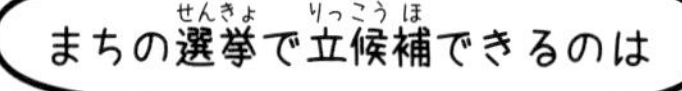

まちの選挙で立候補できるのは

一定の年齢以上の人

- 満30歳以上……都道府県知事
- 満25歳以上……市長、町長、村長、都道府県や市町村の議員

日本国民

まちの「議会」の選挙ではさらに

選挙が行われるまちに、引き続き3か月以上住んでいる人

都道府県議会でも市町村議会でも、議員に立候補する場合、そのまちでの選挙権と同じように3か月以上住んでいることが必要です。

まちに住む人が
まちづくりをする人を
選ぶんだね！

投票箱

まちのことを、
まちに住む人が
決めるってことだよ

応援したい候補者に投票して、まちのことを決める「代表」を選びます。

まちの選挙のしくみはどうなっているの？

みなさんが住むまちでも、まちのことを決める「代表」を選ぶ選挙が行われます。
まちの選挙の特徴を見てみましょう。

まちに住む人が「議員」と「首長」を選ぶ

まちの選挙には、議会の議員を選ぶ選挙と、首長（都道府県の知事や、市長・町長・村長）を選ぶ選挙があります。

まちに住む人（住民）

まちの選挙は二元代表制

まちに住む人（住民）が、議員と首長を直接選ぶことができます。このしくみを「二元代表制」と呼びます。

選挙

議会の招集、予算・条例などの議案の提出、解散

予算・条例などの議決、調査、監視、不信任決議*

首長

予算や条例（まちのルール）などの案を議会に提出し、決まったことを実行します。

議会の議員

予算や条例について話し合って決定します。

まちの議員や首長を選ぶ選挙は
「地方選挙」

総理大臣を選ぶ選挙ってどうなっているの？

総理大臣は日本国民が選挙で選ぶのではなく、選挙で選ばれた国会議員の中から選ばれます。いっぽう、地方選挙は、議員と首長の両方を住民が選挙で直接選ぶことができます。地方選挙や地方自治は、「民主主義の原点」ともいえるのです。

＊不信任決議とは、役目を任せられないと決めることです。

選挙がきちんとしていないと困っちゃうけど、大丈夫なの？

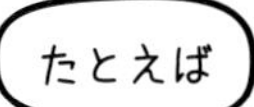

お金やものを使って当選できると？

有権者にお金をわたして自分に投票するようにたのんだり、自分が応援する候補者に選挙のためのお金を無制限にあげたりできると、選挙の結果が変わってしまいます。

たとえば

「あの人に投票しろ」とおどされると？

「あの人に投票しないとただではすまない」とおどしたり、ほかの候補者に投票した人をひどい目にあわせたりできると、有権者は自由に投票できません。

考えてみよう！ 選挙でこんなことが起こると、みんなの住むまちはどうなるかな？

候補者が「自分に投票して」と家に来ると？

候補者が有権者の家を訪ねることができると、家の中でこっそりお金をわたして投票するようにたのむなどの不正が起きやすくなってしまいます。また、家を１けんずつ回るのに時間や交通費がかかるため、候補者の負担が大きくなります。

大丈夫！ 公職選挙法があるよ！

公職選挙法には、選挙を公正に進めるために次のようなルールが細かく定められているよ！

選挙運動のルール

選挙でしてもいいこと、してはいけないことが決められています。

管理するルール

選挙に関する仕事をする「選挙管理委員会」の仕事も決められています。

投票のルール

投票が正しく進むか、複数の人の目で確かめるしくみがあります。

票を数えるルール

票を正しく数えられるように、手順が決められています。

選ばれる人の数はどう決めるの？

選挙で選ばれる人の数は決まっています。首長なら、まちに一人。
議員の人数はまちごとに決められていて、この数を「定数」と呼びます。

議員定数は条例で決める

以前は、法律で議員の定数が決められていました。しかし、現在は、まちごとに条例で議員の定数を決めています。

定数

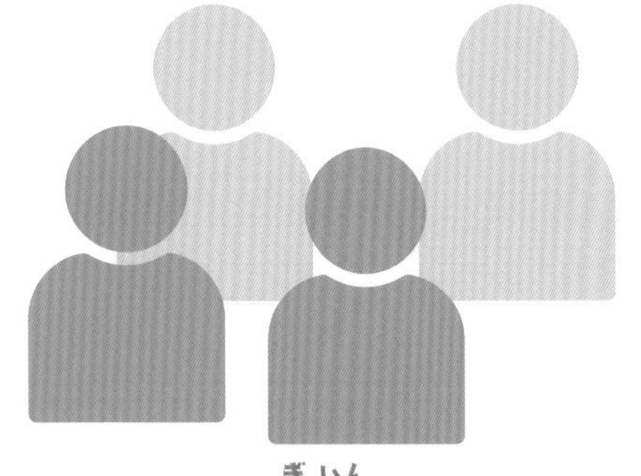

議員の数

議員の定数は、住民の意見をしっかりくみ取れるように決められています。

まちに住む人（住民）

住民の意見

大きな議会の選挙には選挙区がある

選挙を行うときに、まちをいくつかの区域に分けることがあります。その一つ一つを「選挙区」といいます。

首長選挙では

都道府県でも、市町村でも、首長選挙は、まち全体が一つの選挙区です。

市町村は一つの選挙区

市町村の議会選挙では、まち全体が一つの選挙区のところがほとんどです。ただし、政令指定都市*では選挙区が分かれます。

都道府県などでは選挙区が分かれる

都道府県や政令指定都市の議会選挙では、いくつかの区域に分けて選挙を行います。その区域を選挙区といいます。選挙区内に住んでいる有権者の数によって、その選挙区の議員の定数が決まります。

＊政令指定都市とは、人口50万人以上で、特別に指定された市のことです。

議員の定数と選挙区の数を見てみよう!

全国の都道府県議会の、議員定数と選挙区の数をまとめました。

九州地方

都道府県	定数	選挙区数
福岡県	87	44
佐賀県	38	13
長崎県	46	16
熊本県	49	21
大分県	43	16
宮崎県	39	14
鹿児島県	51	21
沖縄県	48	13

中国地方

都道府県	定数	選挙区数
鳥取県	35	9
島根県	37	12
岡山県	55	19
広島県	64	23
山口県	47	15

近畿地方

都道府県	定数	選挙区数
三重県	51	17
滋賀県	44	13
京都府	60	25
大阪府	88	53
兵庫県	86	39
奈良県	43	16
和歌山県	42	14

四国地方

都道府県	定数	選挙区数
徳島県	38	13
香川県	41	13
愛媛県	47	13
高知県	37	17

中部地方

都道府県	定数	選挙区数
新潟県	53	27
富山県	40	13
石川県	43	14
福井県	37	12
山梨県	37	16
長野県	57	23
岐阜県	46	26
静岡県	68	33
愛知県	102	55

北海道地方・東北地方

都道府県	定数	選挙区数
北海道	100	46
青森県	48	16
岩手県	48	16
宮城県	59	23
秋田県	43	14
山形県	43	17
福島県	58	19

関東地方

都道府県	定数	選挙区数
茨城県	62	32
栃木県	50	16
群馬県	50	18
埼玉県	93	52
千葉県	94	42
東京都	127	42
神奈川県	105	48

(議員定数は「地方公共団体の議会の議員及び長の所属党派別人員調査(令和3年12月31日)」、選挙区数は各都道府県ホームページより)

2章 どうやって投票するの？
～選挙の流れを知ろう～

選挙をすることが決まってから、立候補者が届け出をして、有権者が投票して、結果がわかるまで……。まちの選挙はどのようなルールのもとで、どのように進むのか、くわしく見ていきましょう。

選挙のルールってどんなもの？

人々の希望や思いを、選挙を通じて実現するために、
選挙にはいろいろなルールがあります。

4つの大切な決まりがある

これらの決まりは、みんなが平等に投票でき、公正な選挙を行うために欠かせません。

普通選挙を行うこと

選挙権の条件を満たせば、財産や性別などに関係なく、みんなが選挙権をもちます。

秘密選挙を行うこと

投票用紙に自分の名前を書かないので、だれに投票したかをほかの人に知られずにすみます。

平等選挙を行うこと

一人ひとりの１票の価値は同じです。財産や地位で票の価値が変わることはありません。

直接選挙を行うこと

本人が直接投票することです。特別な事情がないかぎり、だれかに代わって投票してもらうことはできません。

大切なルールといっても、
当たり前のことじゃない？

そんなことはないよ！
「普通選挙」の歴史を
見てみよう！

普通選挙が「当たり前」になるまで

日本の選挙はかつて、不平等でした。普通選挙が当たり前のことになるには、長い時間がかかったのです。

1890年

お金もちしか投票できない

1890(明治23)年に行われた国の選挙では、1年間に税金(直接国税)を15円(現在の約60～70万円)以上納めている満25歳以上の男性しか選挙権がなく、投票できたのは全人口の１%ほどでした。このように、選挙権に財産などの条件がある選挙を「制限選挙」といいます。

1925年

男性しか投票できない

1925(大正14)年には、満25歳以上の男性は選挙権をもてるようになりました。しかし、女性には選挙権がなく、投票できたのは全人口の20%ほどでした。

1945年

満20歳以上の男女、全員が投票できる

満20歳以上の男女すべてが選挙権をもてるようになったのは、1945(昭和20)年。選挙権をもつ人の割合は全人口の約48%になりました。翌年行われた国の選挙では投票率は72%と高く、39人の女性議員が当選しました。

2016年

満18歳以上の男女、全員が投票できる

2016(平成28)年、選挙権をもつ年齢が満18歳に引き下げられ、選挙権をもつ人は全人口の約80%になりました。

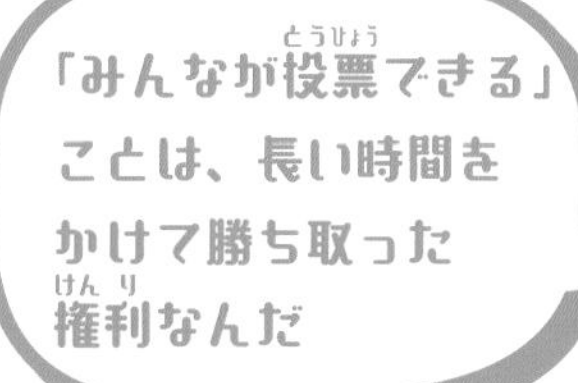

「みんなが投票できる」ことは、長い時間をかけて勝ち取った権利なんだ

選挙はどんなふうに進むの？

選挙は公正に進める必要があるため、手順などが細かく決められています。
選挙を行うことが決まってから、当選者が確定するまでを見てみましょう。

①選挙をすることが決まる

まちの首長や議員が務める期間（任期）の終わりが近づいたり、首長や議員が辞めたりしたときは、選挙管理委員会から次の選挙の日程が発表されます。

選挙が行われるとき

首長や議員の任期は原則として４年ですから、選挙は基本的に４年おきに行われます。また、首長や議員が辞めたとき、議会が解散したときなども選挙があります。

①任期が終わるとき

任期が終わる前に次の選挙があります。多くのまちで選挙日をそろえる「統一地方選挙」が行われます。

4年に1回選挙がある

②議員や首長が辞めたとき

任期の途中で辞めるときは、次の人を決める選挙が行われます。議員の選挙は「補欠選挙」といいます。

③議会が解散したとき

議会を解散する（全員辞めさせられる）と次の選挙が行われますが、まちの選挙ではあまりありません。

必要なときに選挙が行われる

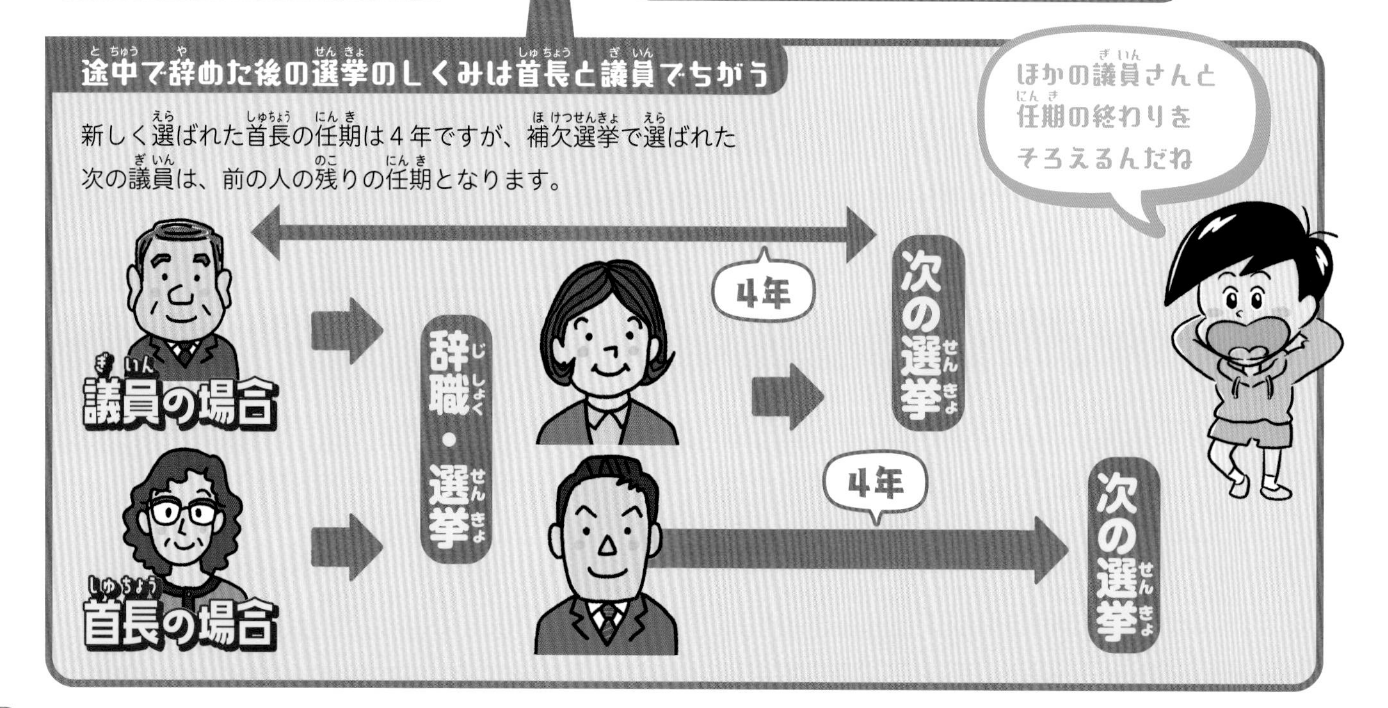

途中で辞めた後の選挙のしくみは首長と議員でちがう
新しく選ばれた首長の任期は４年ですが、補欠選挙で選ばれた次の議員は、前の人の残りの任期となります。
ほかの議員さんと任期の終わりをそろえるんだね
議員の場合
首長の場合
辞職・選挙
4年
次の選挙
4年
次の選挙

選挙を管理するのは?

選挙の準備から、数え終わった投票用紙の保管まで、選挙のすべてを管理するのが選挙管理委員会です。選挙を行うまちごとにあります。

選挙管理委員会

選挙に関する仕事や、選挙の大切さを伝える活動をします。

選挙管理委員会事務局

選挙管理委員会を助ける仕事をします。

②選挙の準備をする

選挙が始まってから開票が終わるまで、順調に進むように準備を行います。

選挙に必要なものを準備する

やることがこんなにたくさんあるの!?

書類や投票用紙、場所、用具など、選挙に必要なすべてのものを用意します。

投票所入場券などをつくる

まちに住む有権者全員に、必要な書類が届くようにします。

場所を決める

投票所や開票所、ポスターの掲示板などを準備します。

必要な用具を用意する

投票箱や記載台、机や台車など必要なものを準備します。

選挙にかかわる人を選ぶ

選挙当日の作業をする人や、投票や開票が正しく進むか見守る人などを選びます。開票を見守る人の呼び方などは選挙によって異なります。

選挙がスムーズに進むように、たくさんの人が時間をかけて準備しているんだ

投票を見守る

開票を見守り、結果を報告・確定する

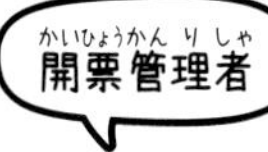

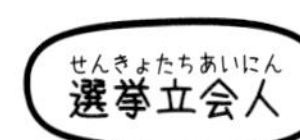

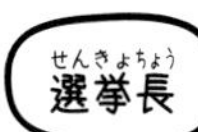

選挙のスケジュールは決まっているの？

まちの選挙は、通常は首長や議員の任期が終わる前の30日以内に行われるので、立候補する人はそれをもとに選挙運動の予定を立てます。

③「選挙をすること」が発表される

選挙管理委員会から、「告示日」「投票日」などの日程が発表されます。いよいよ選挙が始まります。

立候補の届け出をする

選挙が始まる日が「告示日」です。立候補する人は、この日の午前８時30分から午後５時までに、立候補の届け出をします。

規定の書類

まちごとに届け出に必要な書類が決まっています。

住所がわかるもの

立候補する人の名前や住所が確認できる書類を出します。

供託金

立候補には一定の額のお金が必要です。このお金を供託金といいます。供託金は、当選するか、一定の投票数を得られれば返されますが、それ以外の場合は没収されます。

供託金っていくらぐらいなの？

都道府県知事	300万円	政令指定都市以外の市長	100万円
都道府県議会議員	60万円	政令指定都市以外の市議会議員	30万円
政令指定都市の市長	240万円	町村長	50万円
政令指定都市の議会議員	50万円	町村議会の議員	15万円

立候補するのに、お金が必要なの？

ふざけて立候補したり、有名になるために選挙を利用したりするのを防ぐためだよ

投票日前でも投票できる？

投票日に投票できない場合は、告示日の次の日から投票日の前日までの間に、期日前投票ができます。

期日前投票は、
どんな理由でも
できるの？

期日前投票の条件は、
投票所入場券に
書いてあるよ

④選挙期間

告示日から、投票日の前日までが「選挙期間」。演説やビラ配りなどの選挙運動は、この期間にだけ行えます。

ルールを守って選挙運動をする

選挙運動とは、有権者に自分の公約を伝える活動です。選挙運動でできることは公職選挙法で決められています（公約については30ページで説明しています）。

選挙の種類	選挙期間の目安
都道府県知事選挙	17日間
政令指定都市の市長選挙	14日間
都道府県議会議員選挙・政令指定都市議会議員選挙	9日間
政令指定都市以外の市長選挙・市議会議員選挙	7日間
町村長選挙・町村議会議員選挙	5日間

＊選挙期間は選挙管理委員会で決められています。

使える金額は決まっている

選挙運動には、決められた仕事を手伝ってくれる人へのお礼や、講演会場の使用料などがかかりますが、選挙運動に使える金額は選挙ごとに決まっています。

手伝ってもらう場合の決まりがある

選挙運動を手伝ってくれる人には、「どんな仕事をお願いするか」を決めて、それ以外のことをさせてはいけません。

インターネットが使える

インターネットを使った選挙運動はお金がかからないため、たくさんの候補者が利用しています。ただし、ルールは細かく決められています。

もっとくわしく
知りたくなるね
あの人の話、
おもしろかったな！

投票ってどうするの?

受付の名簿と、投票所入場券の名前を確認します。投票所入場券を忘れても、生年月日などで本人と確認できれば投票できます。

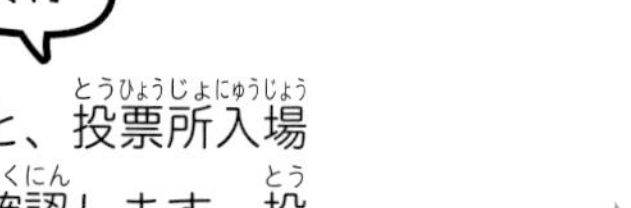

投票所の係員が、1枚ずつ投票用紙をわたしてくれます。

⑤投票日

いよいよ投票！　多くの投票所では、午前7時から午後8時まで投票を受け付けています。投票日当日は、選挙運動を行えません。

投票用紙をもらう

投票用紙を1枚もらいます。同じ日に2つ以上の選挙が行われる場合は、1枚投票してから、次の投票用紙をもらいます。

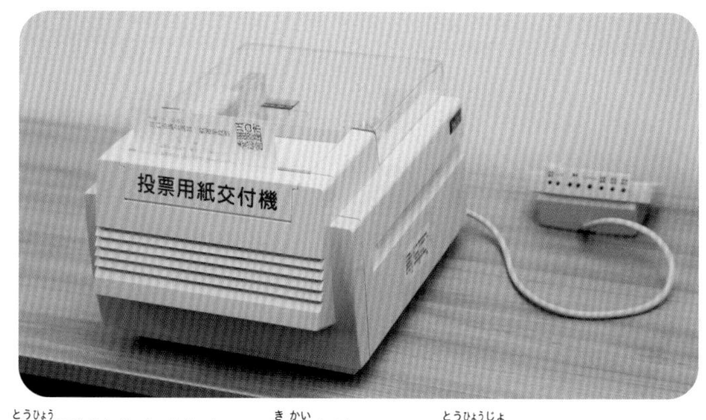

投票用紙をわたすときに、機械を使っている投票所もあります。

係員がボタンをおすと、投票用紙が出てくるんだ。投票者数の確認もできるよ

わくの中に、投票したい人の名前を書くんだね

応援のメッセージとか書いていいの？

平成三十一年執行
川口市議会議員一般選挙投票

注意
一　候補者の氏名は、欄内に一人書くこと。
二　候補者でない者の氏名は、書かないこと。

川口市選挙管理委員会

候補者氏名

見本

だめだめ！　投票用紙に、候補者の名前以外のことを書くと、無効になって、1票と数えてもらえないんだ

投票用紙への記入

記載台で、投票する候補者の名前を投票用紙に書きます。候補者の名前の書き方の例が、記載台にはってあります。

投票

書き終わった投票用紙を、投票箱に入れます。

簡単だったね！

投票する

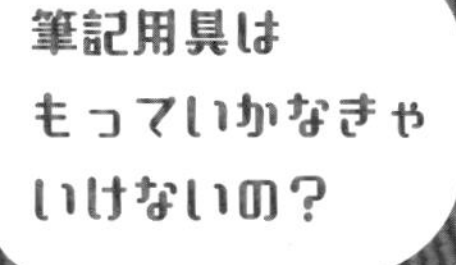

筆記用具は
もっていかなきゃ
いけないの？

投票する候補者の名前を投票用紙に書き、投票箱に入れます。まちがえた場合は、消しゴムを使うか、２重線で消して横に書き直します。

鉛筆などがあるよ！

ほかの人から
見えないように
なっているんだね

投票用紙は
折って入れるの？

折らなくてもいいけれど、
折って入れる人が多いみたい

投票用紙の秘密

投票用紙は、紙ではなく特別なプラスチックでできています。紙だと、開票するときに、折ってある投票用紙を１枚１枚広げるのに時間がかかるので、自然に開くように工夫されたプラスチックを使っているのです。

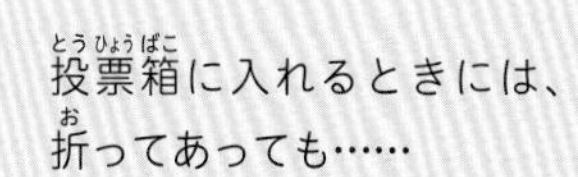

投票箱に入れるときには、折ってあっても……

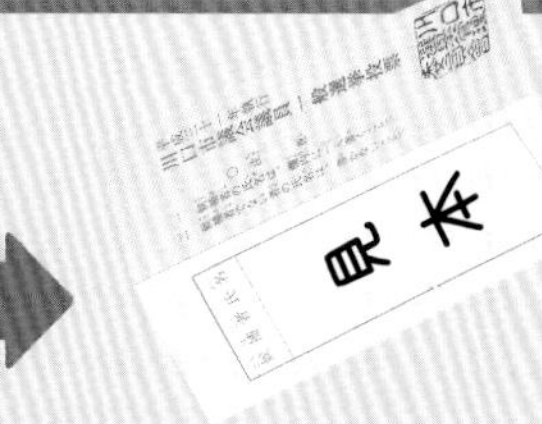

投票箱の中で自然に開きます。

投票が終わったらどうするの？

投票が終わると投票箱にふたをしてかぎをかけます。その後、投票管理者が開票所に運びます。

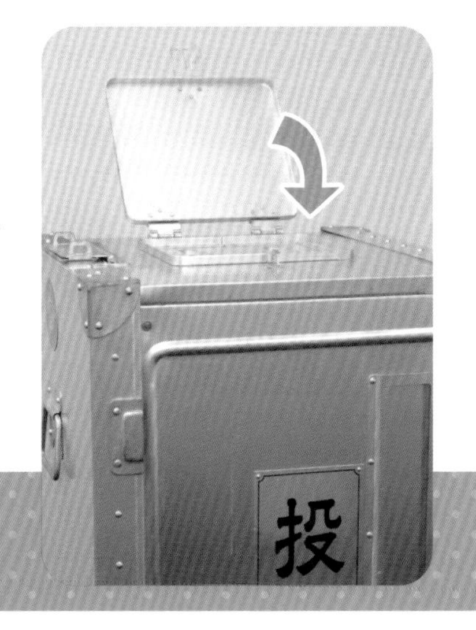

⑥票を数える

投票箱から投票用紙を出して分ける

開票の手順は細かく決められていて、分担して進めます。

こんなに大勢で数えるの！

(写真提供：朝日新聞フォトアーカイブ)

投票箱が大きく開くと、出しやすいね！

投票用紙に書かれた名前を見て、候補者ごとに分けていきます。「分類機」という機械を使うことが多く、機械で読めない文字は人の目で確認します。

こんな投票用紙は無効になる！

- 何も書かれていない
- 「なし」「いない」などと書かれている
- 選挙と関係ないことが書かれている
- 候補者の名前は正しく書かれているが、それ以外のことが記入されている
- 書いてあることが読めない

せっかく投票するなら、正しく書いてね！

どこで開票するの？

開票は、体育館など大きな建物で行われます。選挙権がある人は、開票の様子を見学することができます。

⑦当選者が決まる

分けた投票用紙をたばにする

候補者ごとに分けた投票用紙は「計数機」という機械で100枚ごとのたばに分けて、まとめます。

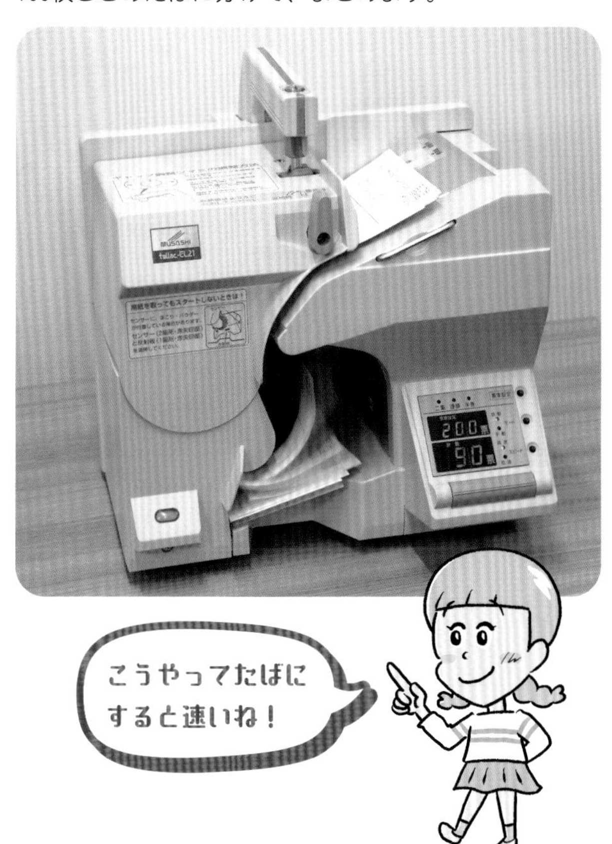

こうやってたばにすると速いね！

集計する

たばを確認した後、得票数をまとめます。

たばにする人と、
たばを数える人を
分けることで、
ズルを防ぐんだ

集計結果をまとめて、当選者を決める

それぞれの候補者の得票数を確認して、当選した人、落選した人を確定します。

やった！ゴールだ！
当選がゴール！じゃなくて……
議員さん、首長さんの新しいスタートだね！

もっと知りたい！ 選挙・投票のアレコレ

**選挙や投票について、まだまだ知らないことはたくさん！
ここでは、いろいろな疑問にお答えします。**

投票って行かなきゃいけないもの？

ベルギーやオーストラリアなどの国では、投票しないと罰金を払わなければなりません。日本の場合は、投票に行かなくても罰則はありませんが、選挙権は自分たちが住むまちのことを、自分たちで決める大切なものです。権利であるだけでなく、未来を守る重要なものなのです。

候補者の名前を書くの、大変じゃない？

まちの選挙では、投票用紙にあらかじめ候補者の名前が印刷されていて、候補者の名前の上に○を書くだけの「記号式投票」ができる自治体があります。記号式投票は、投票も開票も簡単にできますが、期日前投票に、投票用紙の準備が間に合わないなどの問題もあります。

記号式投票用紙

			○
○○××介	□田□男	△山△子	○×たろう

外国では、透明の投票箱を使っているね

投票箱が透明なのは、投票を始める前に、投票箱に何も入っていないことが確認できるからです。日本では、投票日（期日前投票では初日）に、その投票所で最初に投票する有権者と投票立会人に、投票箱の中が空だと確認してもらってから投票箱にかぎをかけています。

数え終わった投票用紙はどうするの？

投票用紙は、その選挙で選ばれた首長や議員の任期の間は保管することが決められています。その期間を過ぎると、ごみとして処理したり、プラスチックとしてリサイクルしたりします。

埼玉県では、2019年8月に知事選挙が行われました。そのときに、投票用紙をリサイクルしたプラスチックで投票を呼びかけるうちわをつくりました。

住民投票と選挙ってちがうの？

住民投票とは、まちに住む人が、まちの問題について賛成か反対かのどちらかに投票するしくみのことで、代表を選ぶ選挙とは別のものです。住民投票も選挙も、住民の声をまちの政治に届ける大切な役割があります。

外国にいる日本人は投票できないの？

まちの選挙は、そのまちに3か月以上住んでいないと投票できませんが、海外に住んでいても、日本国籍がある人は日本の国政選挙で投票できます。いっぽう、日本に住んでいても、日本国籍がない人は日本の選挙で投票できません。多くの国には、外国でくらしている人が自分の国の選挙に投票できるしくみがあります。

日本に住む外国人の場合

グェッリーニさん

Ciao！　ぼくは日本人の妻と結婚して、10年以上日本に住んでいます。妻は日本の選挙で投票しますが、ぼくはイタリア人なのでイタリアで国政選挙があるときに投票します。日本からは、郵送で投票しています。

イタリアでも、イタリア国籍がない人は国政選挙では投票できません。ただし、ＥＵ*加盟国の国籍がある人がイタリアに住んでいる場合、自分が住んでいるまちの選挙では投票することができます。

海外に住む日本人の場合

スズキさん

わたしはアメリカに住んでいます。日本の国政選挙で投票するには、前もって大使館などで「在外選挙人名簿」に登録しておき、選挙期間中に投票用紙を郵便で送るか、大使館などで投票します。日本に一時帰国して投票することもできますが、一時帰国中にまちの選挙があっても、まちの選挙では投票できません。

＊ＥＵとは、Europe Union（欧州連合）のことで、政治や経済を中心にした国の共同体です。

3章 「選ぶ」ためにはどうすればいい？ ～選挙の「今」と「これから」～

みなさんは将来、「選ぶ人」や「選ばれる人」となり、よりよいまちをつくる一員となります。今、選挙で起きている問題とその解決のために、今からできることを知っておきましょう。

立候補する人は

公約をどのように決めるの？

公約とは、「わたしが当選したら○○します」と、候補者が公開する約束のことです。だれに投票するか決めるのに大切なものです。公約のつくり方を見てみましょう。

候補者とまちに住む人が望むことを公約にする

公約は、「候補者がまちのためにしたいこと」と「有権者がまちに必要だと思うこと」を合わせて、候補者が工夫した内容になっています。

投票する人との「約束」って思うと興味がわくね！

自分がまちのためにしたいこと

候補者が、まちについて「こうしたらもっとよくなる」とか「自分ならこうする」という思いが、公約の内容になります。

まちに住む人が望むこと

まちの問題を解決するためのアイデアや、有権者が首長や議員に望んでいることを公約に取りこみます。

まちづくり

建物などまちのものをつくる公約、くらしの不便を解消するしくみをつくる公約などがあります。

まちの防災

最近は、大雨や地震など、自然災害への備えにまち全体で取り組むための公約も増えています。

子育てサポート

子どもがいる家庭への補助や、子どもがすごしやすい環境づくりも公約になります。

安心できるくらし

「安全なまち」「くらしのお金の負担を減らす」など、候補者によってさまざまです。

「マニフェスト」という言葉もよく聞くけれど、公約とはちがうの？

マニフェストと公約は同じ意味だよ。ただ、マニフェストの方が「いつまでに」「どのくらい」など具体的な内容のことが多いんだ

聞いてみました！

初めて立候補したときの公約の決め方や、今の考えを、当選1回目の新人議員に聞いてみました！

①自分が立候補したとき、公約はどのように決めましたか？

「まちに望むこと」を有権者のみなさんに聞いて、公約を決めました。でも、それだとほかの候補者との差がつけにくく、はっきりしない公約になってしまったと思っています。次はもっと具体的な公約にしたいですね。

みんなに合う内容にしようとすると、はっきりした公約になりません。

ぼくは、子育てサポートに取り組みます！

全員には届かなくても、自分と同じ困り事がある人に届けようとすると、具体的に伝えられます。

②公約を決めるときに大切なことはなんですか？

たとえば、今のまちのお金の使い方を見せながら「自分ならこうする」というように、具体的に示すことが大切です。また、公約をくわしく伝える方が、自分の考えに賛成してくれる人にわかりやすくなります。

③どんな人と話して決めるのですか？

議会のことを伝える市政報告会などで、まちに住む人と話す機会をつくっています。また、アンケートを配って、その結果をみなさんに伝えて……というように、まちのことをみんなで共有できる工夫もしています。

こんなことを考えているんだけど、どう思う？

立候補する人は

公約をどのように伝えるの？

でき上がった公約を、選挙期間中にできるだけたくさんの人に伝えるためにはどのような方法があるのでしょうか。

直接伝える

候補者が有権者に、自分の公約や思いを直接伝える場所があります。

広場などで演説する

「街頭演説」といって、駅前など人がたくさんいる場所で、自分の考えを伝えます。演説するときは、選挙管理委員会からわたされる旗を立てます。

講演会を開く

有権者に公民館などに来てもらい、演説をします。有権者から質問を受けてその場で答えるなど、よりくわしく公約を伝えることができます。

聞いているよね！

街頭演説ができる
時間は、朝8時から
夜8時までと

まちを回って名前を伝える

選挙区を回って、自分の名前を伝えます。自動車に名前を書いた看板をつけた「選挙カー」を使うことが多いですが、歩いたり自転車を使ったりする候補者もいます。

手をふってくれると、
応援したくなる！

まちを回ることで、
みんなに名前を
覚えてもらえるよ

広く伝える

選挙公報などで公約を伝えます。街頭演説などで直接公約を伝える機会がなかった有権者にも届くので、より多くの人に見てもらえます。

掲示板のポスターは、
顔と名前を伝えるのに
とても役立つと思う！

ビラやはがきを配る

自分の公約や考えを書いたビラやはがきをつくって、有権者に届けます。ビラの大きさや、配ることができる枚数、配り方などは決まっています。また、「自分に投票してください」と書くことはできません。

印刷したりするのは
わたしでもできるかな？

印刷して配ってはダメ！
それに、満18歳未満の
人は選挙運動をしては
いけないんだ！

選挙公報で伝える

選挙公報は、「候補者の一覧表」のようなもので、すべての候補者が同じ大きさのわくを使って、自分の考えや公約などを自由に書きます。ほとんどのまちで、郵送や新聞配達などで有権者に届きます。

ホームページやSNSを使う

候補者が自分のホームページをつくったり、SNS(インターネットでたくさんの人と交流するもの)で、自分の考えを伝えます。自分の電子メールのアドレスを必ず表示するなど、ルールが決められています。

SNSや動画を
選挙運動で使う人は
だんだん増えているよ

電子メールを送る

自分を応援してくれる人に、電子メールで自分の考えを送ります。ただし、だれにでも送れるわけではありませんし、自分に投票するようにたのんではいけないなど、細かくルールが決まっています。

電子メールを送るときの決まり

- 自分の名前やメールアドレスをはっきり書く
- 「受け取ってもよい」と言った人にだけ送る

など

有権者は投票する人をどのように決める？

有権者は、選挙期間中に公約を読んで投票する人を選びます。たくさんある公約の中から、自分の考えに合う公約を見つけるにはどうすればよいのでしょうか。

自分が「気になること」を考える

公約を見る前に、まず「自分が気になること」「問題だと思うこと」をいくつかあげて、それについてじっくり考えてみます。

公約を全部読むのって、大変じゃない？

まず、自分の考えをまとめることから始めるといいよ

自分の考えに近い候補者を探す

考えがまとまったら、候補者の公約を読みます。完全に考えが合わなくても、自分の考えと近い公約の候補者を探してみましょう。

自分の意見と近い人を探す

自分の考えをまとめると、意見が近い候補者を見つけやすくなります。ある問題について「賛成」か「反対」かをはっきり言っているときは、その理由も見てみましょう。

「なんとなく」で選ばない

「なんとなくよさそう」「有名だから」「ほかの人にすすめられたから」ではなく、自分の考えと近い候補者を探すことが大切です。

公約をくわしく知るには、
選挙公報やビラ、
ホームページなどを
見るといいよ

投票したい人をしぼりこむ

自分の考えと合う人が何人か見つかったら、それぞれの候補者について、じっくり調べます。

①公約をよく読む

ビラや選挙公報などをよく読みます。知りたいことや、気になることがあったら、候補者のホームページなども見てみましょう。

②以前の公約も読んでみる

前回の選挙公報は、選挙管理委員会のホームページで見られます。候補者の考え方の変化が見えることもあります。

③「できそうか」も考える

よさそうな公約でも、あまりにもお金がかかるのでは実現できません。公約に無理なところがないか考えるのも大切です。

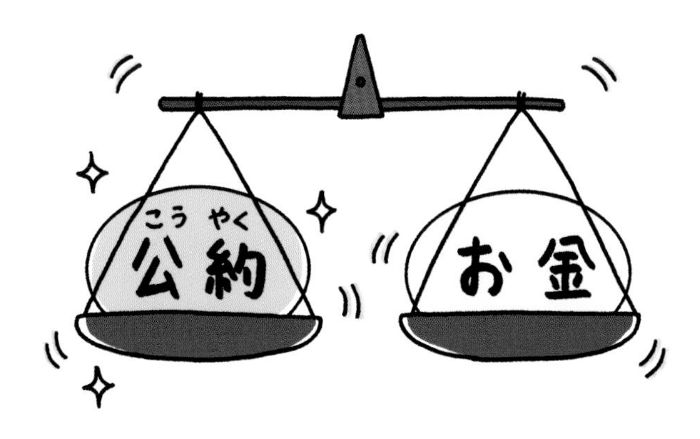

④当選した後もチェック

当選したら終わりではないのは、有権者も同じです。議員としてどんな活動をしているか、ホームページや議会だよりなどを見ます。

公約を守らないとどうなるの？

公約は、実現まで時間がかかるものも多く、「実現したかどうか」を判断するのは難しいこともあります。公約が実現しなくても候補者に罰則はありません。有権者は、自分が投票した人の活動内容を見て、次の選挙でも同じ人に投票するか、別の人に投票するかを考えます。

選ぶ人が
考えることが
大事なんだね！

選挙には今、どんな問題がある？

まちの未来を決める大切な選挙ですが、今、投票率や議員の男女比などの問題が起こっています。表やグラフでくわしく見てみましょう。

投票する人が減っている

（総務省「目で見る投票率」より。統一地方選挙における投票率の推移）

まちの選挙は、首長選挙も議会選挙も、投票率が下がっています。

すごく減ってる！

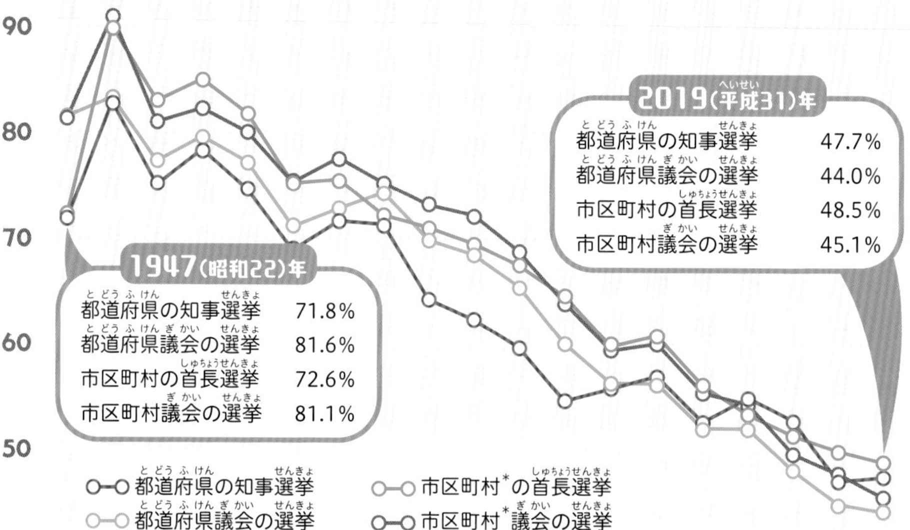

＊市区町村の「区」は東京都の「特別区」のことです。

若い人が投票しない

右の表は、2021年に行われた国の選挙とまちの選挙の、年代ごとの投票率です。年齢が上の人ほど投票する率が高いことがわかります。

	国の選挙の投票率（衆議院議員選挙）	まちの選挙の投票率（東京都議会の選挙）
10代	43.2%	37.4%
20代	36.5%	25.8%
30代	47.1%	34.2%
40代	55.5%	41.1%
50代	62.9%	46.6%
60代	71.4%	53.7%
70代以上	61.9%	50.5%

（明るい選挙推進協会ホームページより）　（東京都ホームページより）

まちの選挙は、国の選挙よりも投票率が低いのも問題なんだ

女性の議員が少ない

選挙権も被選挙権も男女が同じようにもつ権利ですが、実際には女性の議員は多くありません。その結果、女性がまちに望むことが政治に届きにくくなってしまいます。

日本は、女性の国会議員も少ないってニュースで言ってた！

議会の中の女性の割合を決めるなどの取り組みで、女性の割合が増えている国もあるんだ

男性89.6%　女性10.4%

男性87.7%　女性12.3%

男性81.6%　女性18.4%

こんなに差があるの!?

（総務省「地方選挙結果調」より。数字は2019年のもの）

無投票選挙が増えている

無投票選挙とは、立候補した人の数が定数以下になる選挙のことで、立候補者がそのまま当選します。最近、少しずつ増えています。

無投票選挙になる

選挙がないと、立候補する人がさらに少なくなるかもしれません。

議会や政治への興味をもちにくくなる

立候補する人が減る

議員定数に足りなくなる

立候補する人が出ないと、現在の議員が引退した後、議員が定数に足りなくなってしまいます。

選挙の「これから」を変えるには

まちの選挙の問題を解決するためには、投票する人の意識を変え、
立候補する人の困りごとを減らしていくことが必要です。

1 投票する人の意識を変える

有権者が、選挙を大切だと思っていなかったり、「投票しても何も変わらない」とあきらめたりしていると、投票率がますます下がってしまいます。

政治の話って、よくわからないし、
自分にはあまり
関係ないでしょ？

まちの政治はあなたの生活を支えているよ！

まちの政治は、どのようなまちをつくり、住民がどのように生活するかを決める、いちばん身近な政治です。選挙で投票することは、自分自身の生活を決めることなのです。

ぼくたちでも、
できることって
あるのかな？

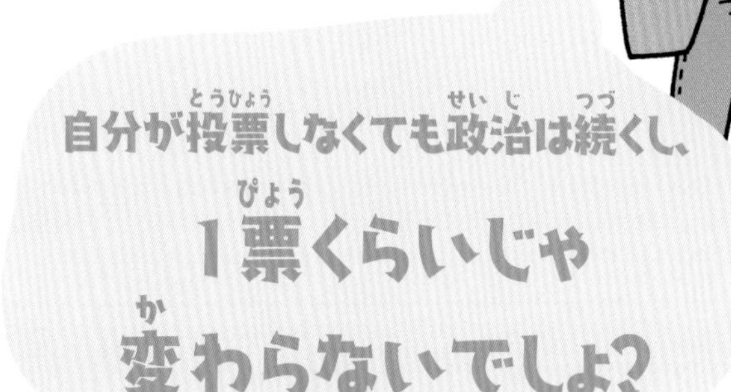

自分が投票しなくても政治は続くし、
1票くらいじゃ
変わらないでしょ？

まずは選挙のことを
知ることが大事だよ。
この本を読んで
いるってことは、
一歩進んでいるって
ことだよ！

1票の積み重ねが大事なんだ！

1票1票は小さいかもしれませんが、みんなが投票すれば応援する候補者を当選させることができ、あなたの意見がまちに届きます。

立候補する人の「困った」を変える

立候補するときの問題を減らすことで、立候補者が増えれば、有権者が自分の意見に近い人を選びやすくなります。

議員の給料はそんなに高くないのに、議員をしながらほかの仕事をするのは難しいという問題もあるんだ

選挙はたくさんの人に手伝ってもらうし、お金がかかるから大変！

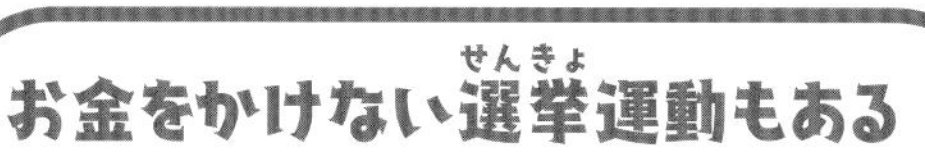

お金をかけない選挙運動もある

インターネットを使った選挙運動など、お金のかからない選挙運動もできるようになりました。また、供託金を減らして立候補しやすくしようという声も出ています。

女性の議員って少ないし、女性が議員になるのは大変そう！

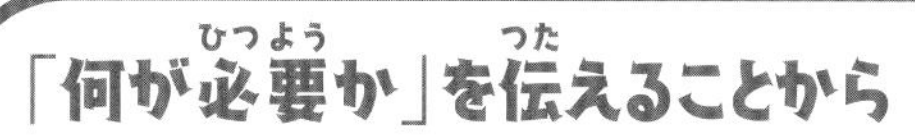

「何が必要か」を伝えることから

女性議員が、議員活動の中で大変だったことがニュースになったり、本人が発信したりすることで、女性議員を増やすためには何が必要か、みんなで考えることができます。

聞いてみました！

まちの人が「政策サポーター」となり、議員と協力して活動する長野県飯綱町議会の話を聞きました。

「議会」や「まちの政治」がもっと身近なものになる！

飯綱町議会 → テーマ → 政策サポーターと議員

政策サポーターと議員 → 提言書（話し合った結果を報告する） → 飯綱町（町長）

飯綱町の「政策サポーター制度」では、まちの人に政策サポーターになってもらい、議会から出たテーマについて議員といっしょに話し合います。話し合いの結果をまとめた「提言書」は飯綱町（町長）に提出します。この提言書から、まちの政策ができることもあります。

今からできるのは、どんなこと？

みなさんが18歳になったときに、まちの政治について考え、自分が応援したい候補者を見つけるために、今からできることはたくさんあります。

まちについてたくさん知ろう

自分が住んでいるまちの歴史を知り、まちのいいところをたくさん見つけましょう。まちが好きだと、もっとよくしたいという気持ちが生まれます。

まちのイベントに参加する

地域のお祭りや、まちの大掃除、防災訓練などは、まちのことを知るチャンスです。おうちの人や友達といっしょに参加してみましょう。

まちの人と話す

近所のお年寄りなど、まちのことをよく知っている人に、まちのことを聞いてみましょう。まちの人から子どものころの話を聞くと、今とのちがいがよくわかります。

まちの好きなところや問題を考える

まちの人と話したり、まちのイベントに参加したりすることで、自分が住むまちのいいところや、問題が見えてきたら、「どうしてそのような困り事があるのか」も考えます。

まちのことを知るには、どうすればいいのかな？

まちのイベントを探してみよう

まちに住む人のためのイベントや取り組みはたくさんあります。「市政だより」などのお知らせや、まちかどの掲示板、市町村のホームページなどをおうちの人といっしょに見てみましょう。

まちに住む人を守るための防災訓練が行われます。

ここでは、東京都文京区の取り組みを紹介するよ。みんなの住むまちには、どんなイベントがあるか探してみてね！

交通安全教室が開かれています。

困り事を議会に伝えてみるという方法もあるよ！

自分なりの解決法を考える

「どうすればもっとまちのことを好きになるか」を考えてみましょう。まちを好きになることは、まちをもっとよくすることにつながります。

まわりの人と話してみる

友達やおうちの人、学校の先生など、身近な人にまちについて自分が考えたことを話しましょう。

まちをもっと好きになるにはどうすればいいか考えるのって、楽しそうだね！

聞いてみました！「選挙の授業」ってどんなもの？

中学生や高校生に、選挙の大切さや投票のしかたなどを伝える「選挙の授業」を行うまちが増えています。埼玉県川口市の取り組みを見てみましょう。

①公約や演説を聞く

最初に、公約の説明を受けたり、候補者役の人の演説を聞いたりします。

川口市
選挙管理委員会事務局
木村さん

実際の公約を例にしたり、学校の先生に候補者役をしてもらったりと、みんなに興味をもってもらえるよう工夫しています。

田中先生だ！

②実際に投票する

公約や候補者役の演説を聞いたら、よく考えて、投票する人を決めます。そのあと、投票の手順を学びます。いよいよ、投票です！

投票用紙を受け取る

一人ずつ投票用紙を受け取ります。実際の選挙で使用された投票用紙が使われます。

記載台で記入する

実際の選挙で使う記載台で、自分が投票する候補者の名前を書きます。

投票する

投票箱に、投票用紙を入れます。「意外とすぐ終わった」と感じる生徒が多いそうです。

実際の選挙で使うものでできるなんておもしろそう！

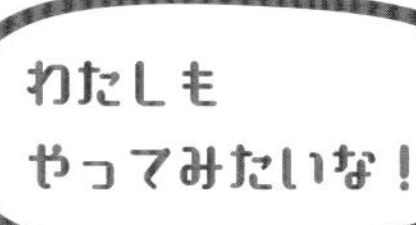

わたしもやってみたいな！

③選挙についてくわしく学ぶ

投票箱を開けて、結果を集計します。その間に、選挙についてくわしく学びます。

全国の年代別の投票率のグラフだけでなく、授業をする学校がある地区の投票所の投票人数を取り上げるなど、生徒のみなさんが「自分ごと」として感じられるように工夫しています。

川口市選挙管理委員会事務局
植竹さん

自分のまちの投票者数を見る

自分が通う中学校が投票所になったときの年代別の投票人数を見て、若い人の少なさにおどろく生徒も多いそうです。

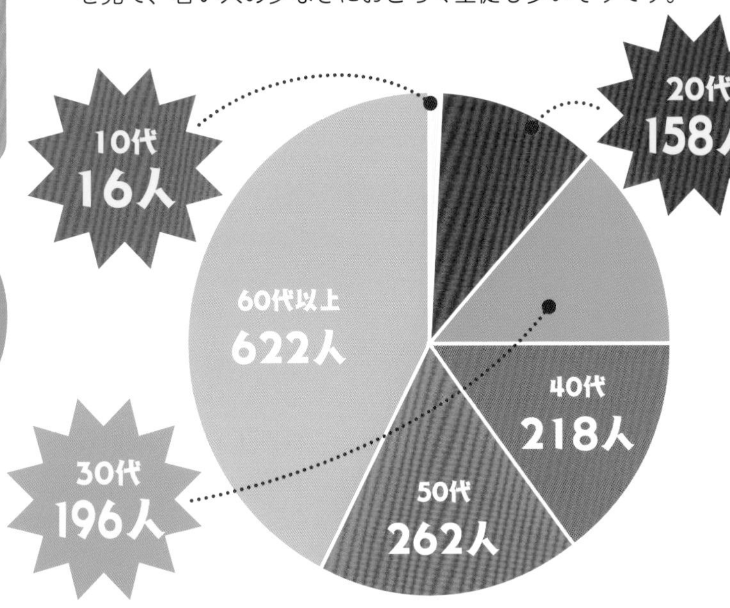

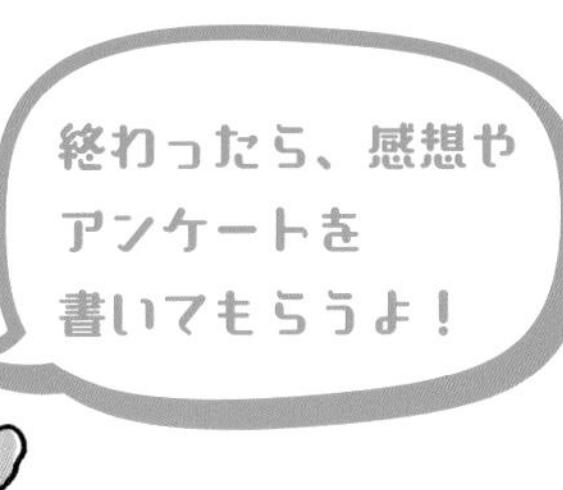

質問		授業前	授業後
あなたは、今の政治にどのくらい関心がありますか。	とても関心がある、まあまあ関心がある	60.5%	78.8%
	あまり関心がない、まったく関心がない	39.5%	18.6%
あなたが18歳になって選挙権を得たら、実際の選挙で投票に行きますか。	必ず行く、たぶん行く	60.5%	72.3%
	たぶん行かない、行かない	13.1%	7.8%
	わからない	26.3%	17.1%

自分が思っているよりも投票率が低かったので、危機感をもちました

若者の1票がたくさん集まることが大切だとわかりました

高齢の人の投票率が思った以上に高くて、若い人が選挙に行くことが大切だと改めて思いました

選挙は難しいものだと思っていたけれど、かんたんにできることがわかりました

若いうちに選挙に行く習慣をつけることが大切だと思います。選挙の授業を通じて、将来の若い人の投票率が上がることを願って取り組んでいます。

知らないから興味をもてないというのは、選挙も同じです。選挙の授業が、政治や選挙に興味をもつきっかけになるようがんばっています。

まとめまんが

選挙に行って、投票しよう！

～みんなの1票がまちの未来をつくる～

投票することは、まちの未来をつくる大切な権利です。みなさんも18歳になったら、まちのために投票しましょう。まちの未来を決めるのは、まちに住むあなたです！

さくいん

あ

か

た

監修

廣瀬和彦

（株）地方議会総合研究所代表取締役
明治大学政治経済学部兼任講師・明治大学公共政策大学院兼任講師
元全国市議会議長会法制参事
慶應義塾大学大学院法学研究科修士課程修了
全国市議会議長会で長年にわたり議会運営・議会制度の立案・運用に携わる。

イラスト	アライヨウコ
	ニシノアポロ
	タナハシレイコ
装丁・アートディレクション	宇田隼人（ダイアートプランニング）
デザイン	土井翔史（ダイアートプランニング）
撮影	渡邊春信
構成・原稿	原 かおり
企画編集	若倉健亮（中央経済グループパブリッシング）
	シーオーツー
校正	小林伸子
	東京出版サービスセンター
協力	村山幸治（明治大学付属中野中学・高等学校教諭）
	埼玉県川口市選挙管理委員会事務局
	東京都文京区
	長野県飯綱町議会事務局
写真協力	朝日新聞フォトアーカイブ（表紙、トビラ、24ページ）

主な参考資料

『池上彰の中学生から考える選挙と未来』
（文溪堂）
『私たちが拓く日本の未来（生徒用副教材）』
（総務省　文部科学省）
●サイト
総務省 なるほど！ 選挙
各自治体HP

わたしたちのくらしと地方議会

❸選挙のしくみ

2023年3月25日　第1刷発行

監修者	廣瀬和彦
発行所	株式会社中央経済グループパブリッシング
	〒101-0051　東京都千代田区神田神保町1-31-2
	TEL03-3293-3381　FAX03-3291-4437
	https://www.chuokeizai.co.jp
発売元	株式会社小峰書店
	〒162-0066　東京都新宿区市谷台町4-15
	TEL03-3357-3521　FAX03-3357-1027
	https://www.komineshoten.co.jp/
印刷・製本	図書印刷株式会社

ISBN978-4-338-36103-3　NDC318　47P　30×22㎝

負けないもんねー！
……って、いや、ちょっと
お兄さーん！　こんにちは♡
もう投票したんですか？
今してきたところだよ
すたすたすた
郵便だ
それ、父さんに来た選挙の手紙だよ！
来たか！
じゃーん
セイジの兄 セイイチ
セイジ 忘れてな
ポスターだ！
始まるな！
お
そっかー！ 兄ちゃん初選挙か！
ねえねえ、その投票所入場券ってなんなの？
おっとな－！
大人はいそがしいぜ
選挙のポスターに出ている人の顔と名前を覚えて……
ポスタークイズっていうのは……
この人が○山×男だな‼
よし！
○山×男
ふふふ
おもしろそうだね！
そんなこと言ってもさ、選挙なんて正直ボクらには関係ないじゃん？
満18歳以上しか投票できない
投票できるのは1票だけ
自分が行かなくてもだれかが投票する